学校 - yachay wasi	2
旅行 - ch'usay	5
交通运输 - astana	8
城市 - llaqta	10
地形 - wanlla	14
餐馆 - mikhuna wasi	17
超市 - jatun qhatu	20
饮料 - upyanakuna	22
食物 - mikhuna	23
农场 - chakra wasi	27
房子 - wasi	31
客厅 - k'illi wanlla	33
厨房 - wayk'una wasi	35
浴室 - akana wasi	38
儿童房 - wawa k'uchu	42
衣服 - p'acha	44
办公室 - ujisina	49
经济 - qullqikamay	51
职业 - llamk'aykuna	53
工具 - ruk'awi	56
乐器 - takichiy nakuna	57
动物园 - jatun uywa kancha	59
体育 - atipanaku pukllay	62
活动 - ruwakuna	63
家 - yawar masikuna	67
身体 - uqhu	68
医院 - Jampina wasi	72
紧急情况 - urjinsia	76
地球 - Pacha	77
钟表 - phani (kuna)	79
周 - qanchischaw	80
年 - wata	81
形状 - pacha tupusqa rikch'ay	83
颜色 - llimp'ikuna	84
反义词 - wakjinakuna	85
数字 - yupaykuna	88
语言 - simikuna	90
谁/什么/怎样 - pi / ima / imayna	91
方位 - maypi	92

Impressum
Verlag: BABADADA GmbH, Nedderfeld 112 , 22529 Hamburg
Geschäftsführer / Verlagsleitung: Harald Hof
Druck: Books on Demand GmbH, In de Tarpen 42, 22848 Norderstedt

Imprint
Publisher: BABADADA GmbH, Nedderfeld 112 , 22529 Hamburg, Germany
Managing Director / Publishing direction: Harald Hof
Print: Books on Demand GmbH, In de Tarpen 42, 22848 Norderstedt

学校
yachay wasi

除 rak'iy
黑板 pirqa qillqana
钢笔 qillqana
纸 raphi
办公桌 llamk'a jamp'ara
直尺 chiqanchana
教室 yachaqaywasi
校园 kancha
老师 yachachiq
书写 qillqay
书 p'anqa
学生 yachaqaq

书包
wayaqa

铅笔盒
p'uktaki llimp'i qillqana

铅笔
yana qillqana

卷笔刀
ñawch'ina

橡皮擦
qillqakhituna

画板
qillqana p'anqa siq'inapaq

学校 - yachay wasi

图画
siq'i

画笔
chukcha llimp'ina

颜料盒
p'uktaki llimp'ikuna

剪刀
k'utuna

胶水
k'akachana

练习册
qillqana p'anqa ruwanakuna

家庭作业
kamachinakuna

数字
yupay

加
yapay

减
qhichuqay

乘
mirachay

计算
yupanchay

字母
sanampa

字母表
sanampakuna

字
simi rimay

学校 - yachay wasi

 课文 qillqa	 读 ñawiriy	 粉笔 iskuna
 上课 yachachina	 登记 qillqana p'anqacha	 考试 chaninchana
 证书 certificaru	 校服 uniforme	 教育 yachay
 百科全书 jatun simi pirwa	 大学 Jatun yachaywasi	 显微镜 microscopio
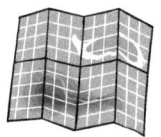 地图 saywa siq'i	 废纸筐 raphi chuqana	

学校 - yachay wasi

旅行

ch'usay

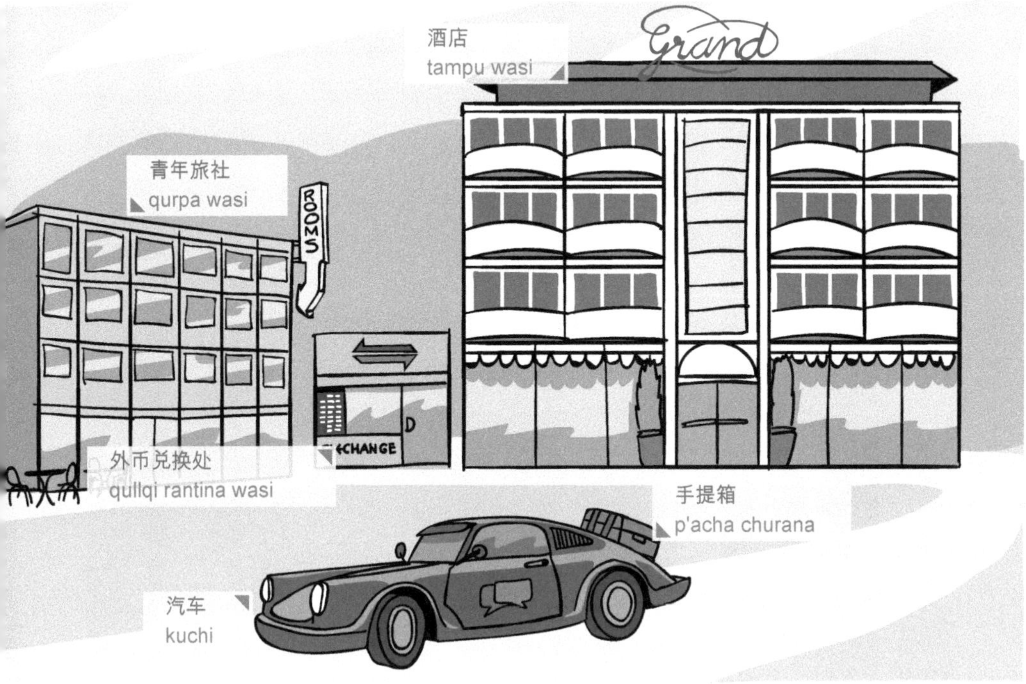

酒店
tampu wasi
Grand
青年旅社
qurpa wasi
ROOMS
外币兑换处
qullqi rantina wasi
手提箱
p'acha churana
汽车
kuchi

语言

simi

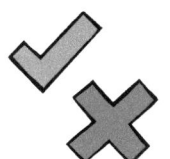

是/否

ari / mana

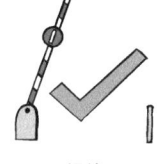

好的

ari

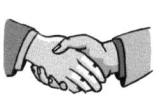

您好

Imaynalla

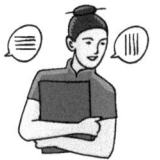

翻译员

tikraq

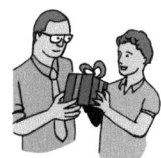

谢谢

Pachi

……多少钱？
¡Machkhataq?

我不明白
Mana yachanichu

问题
ch'ampay

晚上好！
¡Allin tuta!

早上好！
¡Allin P'unchaw!

晚安！
¡Allin tuta!

再见
tinkunakama

方向
pusachay wasi

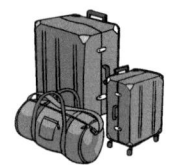
行李
q'ipi

包
wayaqa

双肩包
wasa wayaqa

客人
jamuynisqa

房间
wasi

睡袋
puñunapaq wayaqa

帐篷
tienda

旅行 - ch'usay

旅游信息
turismu willakuy

海滩
quchapata

信用卡
tarjita kriditumanta

早餐
paqarin mikhuy

午餐
chawpi p'unchaw mikhuy

晚餐
tuta mikhuy

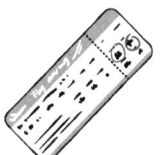
票
qullqi

电梯
makina wicharinapaq

邮票
unanchana

边界
saywa

海关
adwana

大使馆
imwajada

签证
visa

护照
pasapurti

旅行 - ch'usay

交通运输
astana

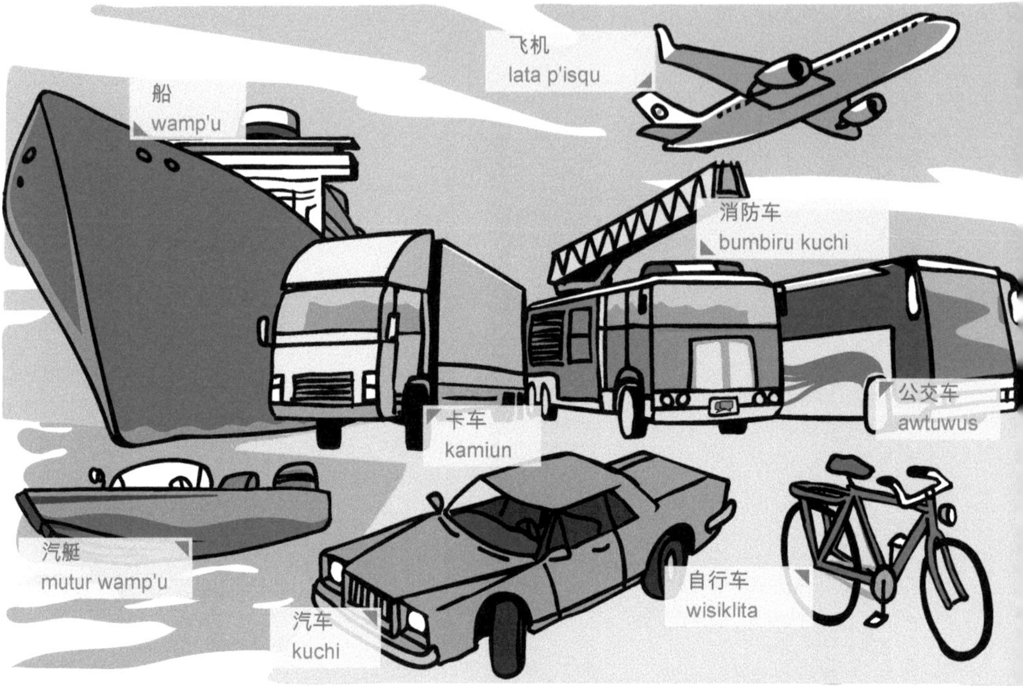

飞机 lata p'isqu
船 wamp'u
消防车 bumbiru kuchi
公交车 awtuwus
卡车 kamiun
汽艇 mutur wamp'u
自行车 wisiklita
汽车 kuchi

摆渡船
quchacha

小船
wamp'u

摩托车
mutu

警车
pulisiyap autun

赛车
usqay karru

租车
kuchi manukuna

拼车
kuchi manu

拖车
grua

垃圾车
q'upa kamiun

发动机
mutur

汽油
gasulina

加油站
gasulinamanta istasiun

交通标志
chakatana sanampa

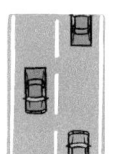
交通
trajiku

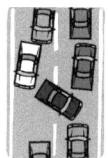
交通堵塞
chakatana

停车场
istasiun

火车站
trin estasiun

轨道
ñankuna

火车
trin

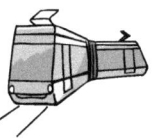
电车
tranwia

货车
wagun

直升机
ilikuptiru

机场
lata p'isqu kiti

塔
pukara

乘客
pasaqlla

集装箱
jatun p'uktaki

纸板箱
karton p'uktaki

手推车
kapachu

篮子
isanka

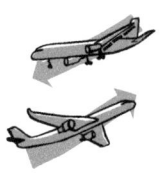

起飞/降落
phaway / uray

城市
llaqta

村庄
llaqta

市中心
chawpi jatun llaqta

房子
wasi

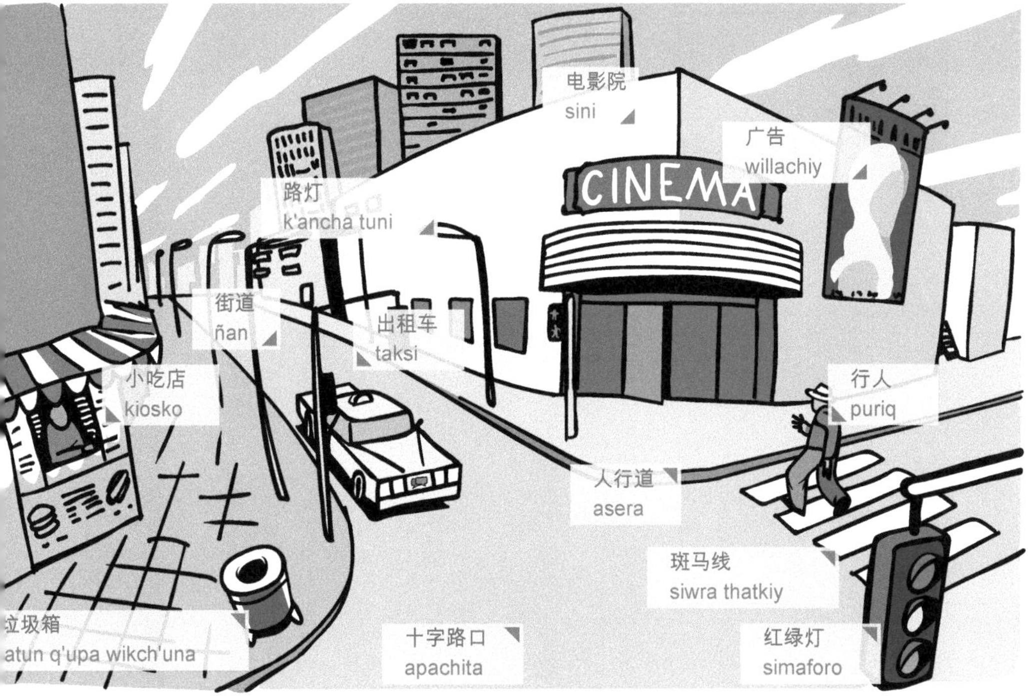

电影院 sini

广告 willachiy

路灯 k'ancha tuni

街道 ñan

出租车 taksi

小吃店 kiosko

行人 puriq

人行道 asera

垃圾箱 atun q'upa wikch'una

十字路口 apachita

斑马线 siwra thatkiy

红绿灯 simaforo

小屋
ch'ullka

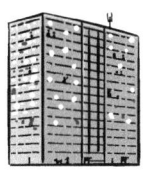

公寓
apartamento

火车站
trin estasiun

市政厅
tantanakuy wasi

博物馆
rikuchina wasi

学校
yachay wasi

城市 - llaqta

大学
Jatun yachaywasi

银行
qullqi pirwa

医院
Jampina wasi

酒店
tampu wasi

药房
jampi ranqhana wasi

办公室
ujisina

书店
p'anqa pirwa

商店
tienda

花店
t'ika wasi

超市
jatun qhatu

市场
qhatu

百货商店
jatun pirwa

鱼店
challwa wasi

购物中心
jatun rantina wasi

海港
wamp'u qhispinan

城市 - llaqta

公园
jark'asqa chiqan

长凳
qullqi pirwa

桥
chaka

楼梯
wichana

地铁
metro

隧道
suqhu

公交车站
autuwus sayana

酒吧
bar

餐馆
mikhuna wasi

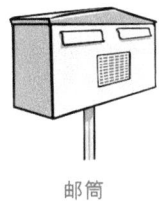
邮筒
willa qillqa juch'uy wanqara

路标
t'uqsi tuni

停车计时器
parkimetro

动物园
jatun uywa kancha

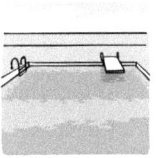
游泳馆
armakuna

清真寺
meskita

城市 - llaqta

农场
chakra wasi

污染
pacha unquchiq

墓地
Aya pampa

教堂
iñiy wasi

操场
pukllana kancha

寺庙
Qhapana

地形
wanlla

树叶 raphi

指示牌 sanampa

路 ñan

草地 waylla

石头 rumi

树 sach'a

徒步旅行者 puriq runa

河 mayu

草 sach'a

花 t'ika

峡谷
qhichwa

山
muqu

湖
qucha

森林
Sach'a sach'a

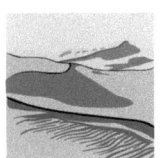
沙漠
purun

火山
nina phuqchiq urqu

城堡
kastilla wasi

彩虹
k'uychi

蘑菇
champiñun

棕榈树
chunta

蚊子
ch'uspi

苍蝇
ch'uspi

蚂蚁
sik'imira

蜜蜂
wara

蜘蛛
kusi kusi

地形 - wanlla

甲虫
ch'iqi

青蛙
k'ayra

松鼠
artilla

刺猬
askanku

野兔
liwre

猫头鹰
ch'usiqa

鸟
p'isqu

天鹅
yuku p'isqu

野猪
sintiru

鹿
sierwu

麋鹿
alsi

水坝
waykhasqa

风力发电机
wayrakallpa

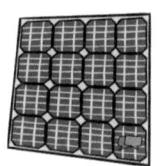
太阳能电池板
inti panil

气候
pacha wayra

地形 - wanlla

餐馆
mikhuna wasi

- 服务员 / wayna yanapaq
- 菜单 / menu
- 椅子 / tiyana
- 汤 / supa
- 披萨饼 / pitsa
- 餐具 / tumina
- 桌布 / mast'a jamp'ara

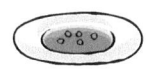

前菜
ñawpaq mikhuna

主菜
yari mikhuna

甜点
mikhuy yapa

饮料
upyanakuna

食物
mikhuna

瓶子
wutilla

餐馆 - mikhuna wasi

快餐
saqra ura

街边小吃
kalli mikhuna

茶壶
te churana

糖盒
misk'i churana

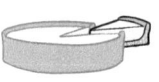

一份饭菜
chhika

意式咖啡机
cajitira iksprisu

高脚椅
jatun tiyana

账单
yupay

托盘
bandija

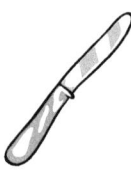

刀
tumi

餐叉
tinidur

勺子
wislla uña

茶匙
juch'uy wislla uña

餐巾
simi pichana

玻璃杯
qhispi akilla

餐馆 - mikhuna wasi

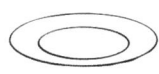
碟子
chuwa

汤盘
chuwa

碟子
chuwa

酱
salsa

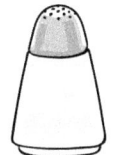
盐瓶
kachi churana

胡椒磨
pimienta kutana

醋
k'allkucha

食用油
llukllu

调味料
ch'aki q'mirkuna

番茄酱
ketchup

芥末
mostaza

蛋黄酱
mayonisa

超市

jatun qhatu

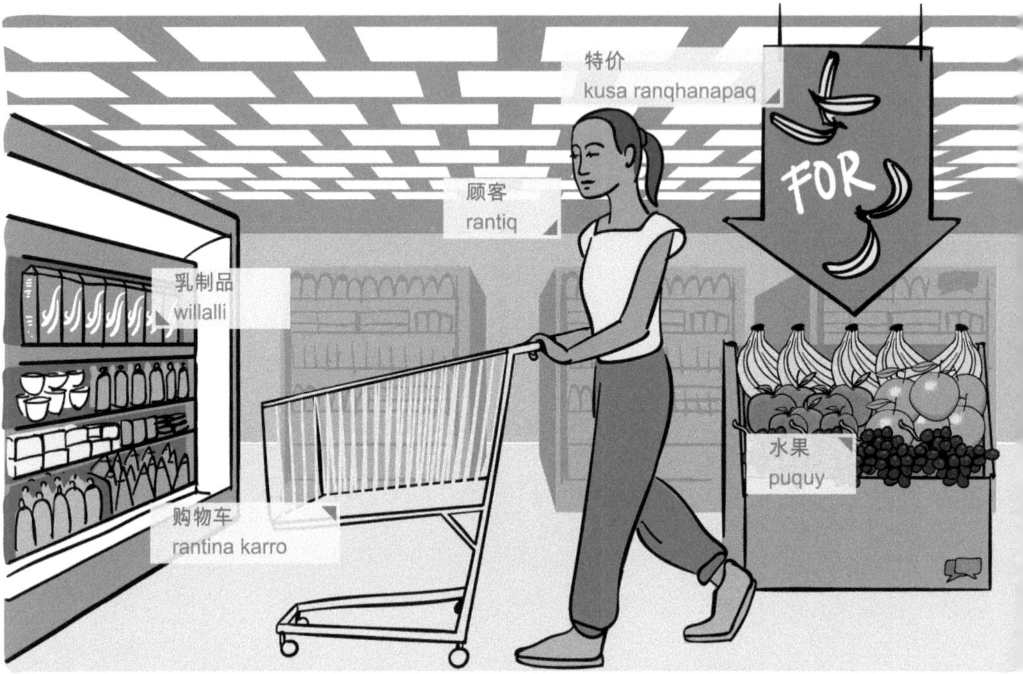

特价
kusa ranqhanapaq
顾客
rantiq
乳制品
willalli
购物车
rantina karro
水果
puquy
FOR

BUTCHERS

肉铺

aicha wasi

BAKERY

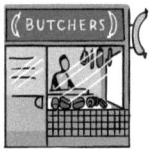

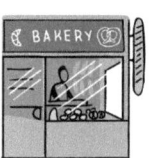

面包房

t'anta wasi

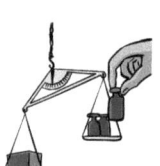

称重

llasay

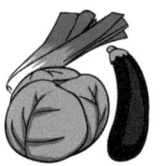

蔬菜

q'umirkuna

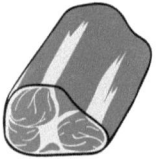

肉

aycha

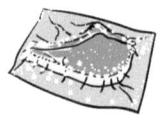

冷冻食品

chhullunka mikhuna

冷盘
ququwi

罐头食品
mikhuna unaychasqa

洗衣粉
ditirjinti

甜食
misk'ikuna

日用品
wasimanta pruduktu

清洁用品
maylla produkto

销售员
ranqhaq

收银机
kartun p'uktaki

收银员
kajiru

购物清单
sinru qillqa rantina

开放时间
sumaq runa uyarina phani

钱包
qullqi wayaqa

信用卡
tarjita kriditumanta

袋子
plastiko wayaqa

塑料袋
plastiku wayaqa

超市 - jatun qhatu

饮料
upyanakuna

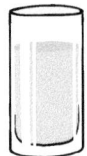
水
yaku

果汁
jilli

牛奶
ch'awa

可乐
coca cola

红酒
vino

啤酒
sirwisa

酒
alkula

可可
kakawu

茶
te

咖啡
caji

意式浓缩咖啡
ieksprisu

卡布奇诺
capuchinu

食物
mikhuna

香蕉
platanu

苹果
mansana

橙子
laranja

西瓜
milun

柠檬
limun

胡萝卜
sanawrya

大蒜
aju

竹子
wamwu

洋葱
siwulla

蘑菇
champiñun

坚果
awillana

面条
jirius

意大利面条
ispawiti

米饭
arrus

沙拉
sarsa

薯条
papa kanka

炸土豆
papa kanka

披萨饼
pitsa

汉堡包
amwirkisa

三明治
sanwich

炸猪排
jiliti

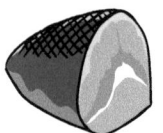
火腿
jamun

萨拉米
salami

香肠
salchicha

鸡肉
chichilu

烤肉
aycha kanka

鱼
challwa

食物 - mikhuna

燕麦片
p'aqa awina

穆兹利
muesli

玉米片
p'aqa sara

面粉
jak'u

羊角面包
krwasan

面包卷
k'awka

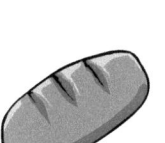
面包
t'anta

烤面包
t'anta jamk'a

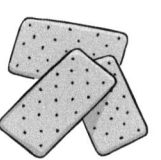
饼干
khamuna

黄油
mantikilla

凝乳
ñuqñu

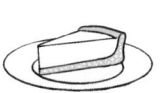
蛋糕
pastil

蛋
runtu

煎蛋
runtu kanka

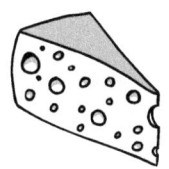
奶酪
masara

食物 - mikhuna

冰激凌
chullunka misk'i

糖
misk'i

蜂蜜
wayrunq'u misk'i

果酱
mirmilara

巧克力酱
krima turrunmanta

咖喱饭
kurri

食物 - mikhuna

农场
chakra wasi

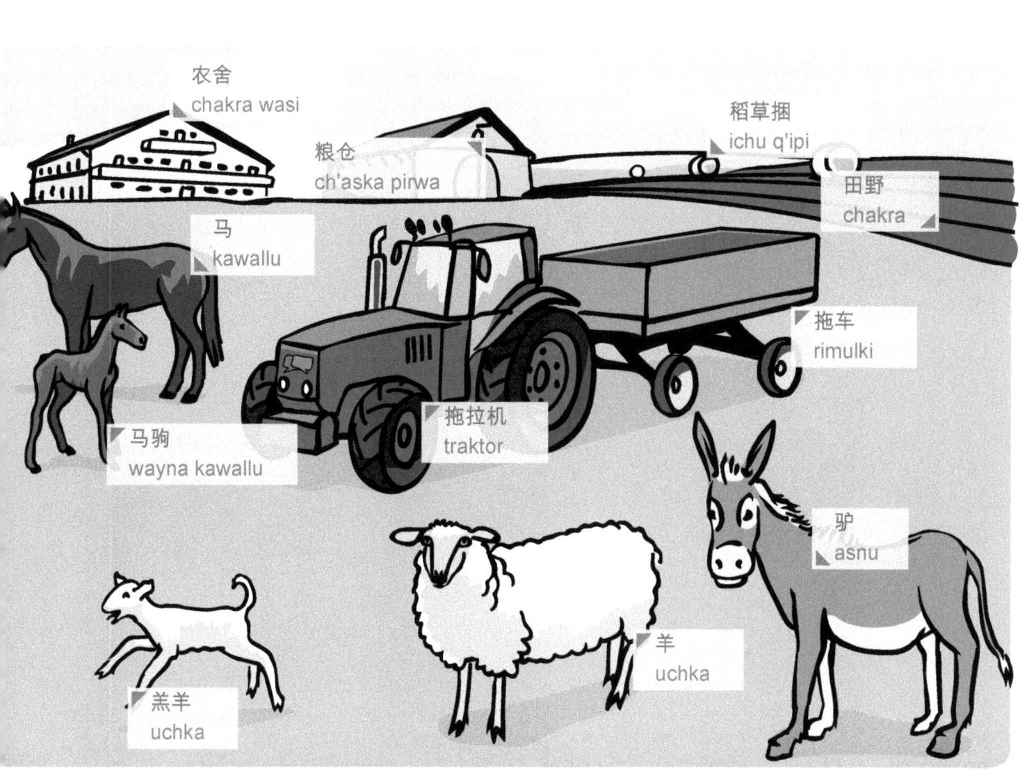

农舍 chakra wasi

粮仓 ch'aska pirwa

稻草捆 ichu q'ipi

田野 chakra

马 kawallu

拖车 rimulki

拖拉机 traktor

马驹 wayna kawallu

驴 asnu

羊 uchka

羔羊 uchka

山羊
karwa

奶牛
waka

牛犊
waka uña

猪
khuchi

小猪
khuchi uña

公牛
turu

鹅
wallata

鸭
pili

小鸡
chchilu

母鸡
wallpa

公鸡
k'anka

鼠
jatun juk'ucha

猫
misi/michi

老鼠
juk'ucha

牛
turu

狗
alqu

狗屋
alquwasi

花园浇水软管
mankira

洒水壶
qarpana jalp'a

长柄大镰刀
rutuna

犁
taklla

农场 - chakra wasi

镰刀

rutuna

锄头

liwk'ana

长柄草耙

sipina

斧头

ayri

独轮手推车

kapachu

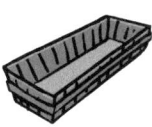

饲料槽

yaku upyana

牛奶罐

willalli purunku

麻布袋

jatun wayaqa

栅栏

jark'aq ch'ipa

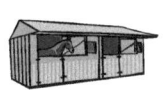

马厩

kancha wasi

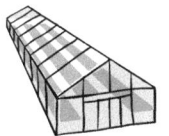

温室

inwirnadiru

土壤

pampa

种子

muju

肥料

wanu

联合收割机

makina allana

农场 - chakra wasi

收割
allay

收割
allay

山药
ñame

小麦
tiriwu

大豆
soya

土豆
papa

玉米
sara

油菜籽
kulsa luru

果树
wayu sach'a

树薯
mandiuka

谷物
ch'aki puquy

农场 - chakra wasi

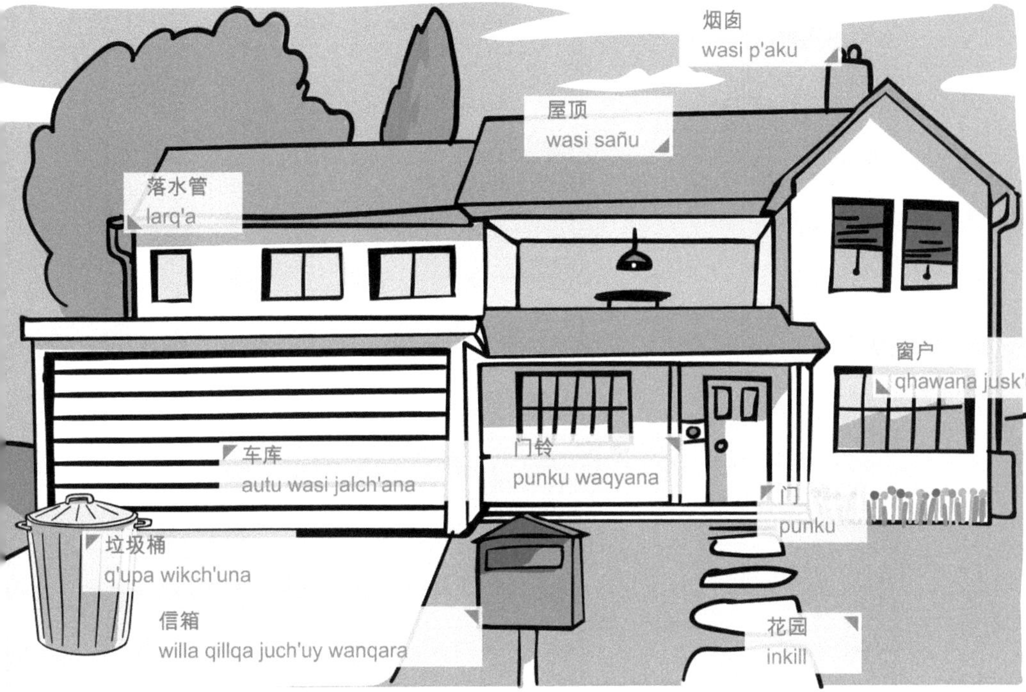

房子
wasi

烟囱 wasi p'aku

屋顶 wasi sañu

落水管 larq'a

窗户 qhawana jusk'u

车库 autu wasi jalch'ana

门铃 punku waqyana

门 punku

垃圾桶 q'upa wikch'una

信箱 willa qillqa juch'uy wanqara

花园 inkill

客厅
k'illi wanlla

浴室
akana wasi

厨房
wayk'una wasi

卧室
puñuna wasi

儿童房
wawa k'uchu

餐厅
mikhuna k'uchu

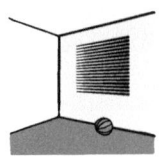 地板 pampa	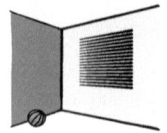 墙壁 pirqa	 吊顶 wasip khatan
 地窖 wasi ukhun	 桑拿 sawna	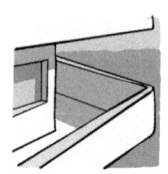 阳台 walkun
 露台 pirqa	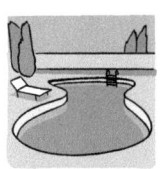 游泳池 armakuna	 割草机 k'achina
 被单 iqana	 床罩 khatana	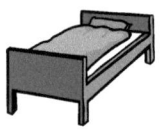 床 puñuna
 扫帚 pichana	 水桶 yaku aysana	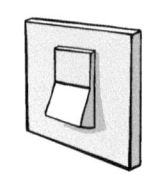 开关 k'ancha jap'ichiq

房子 - wasi

客厅
k'illi wanlla

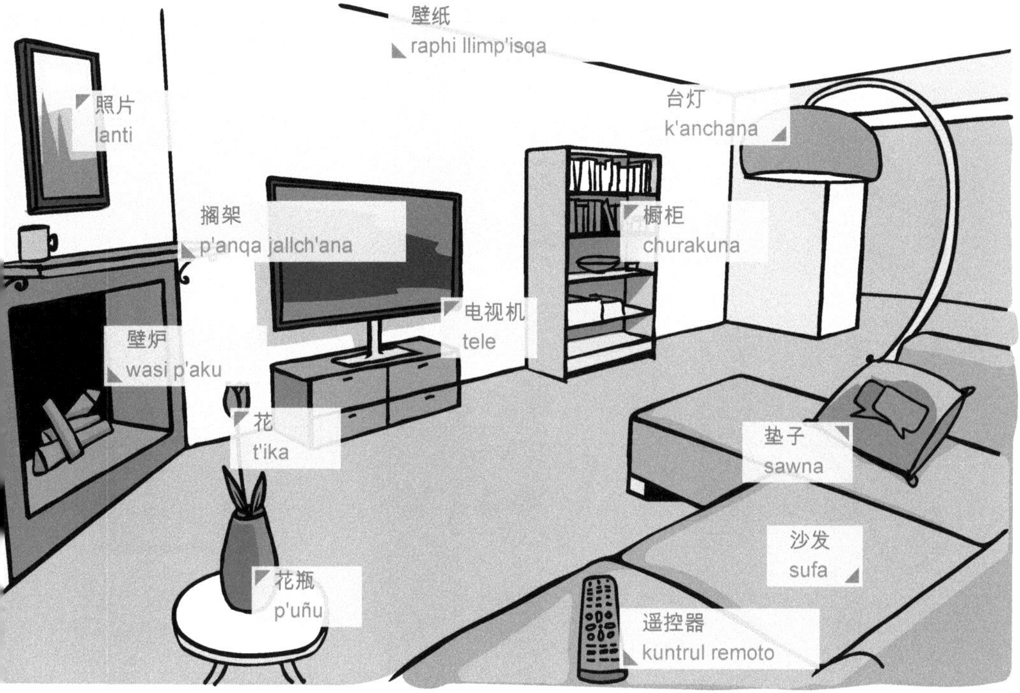

- 壁纸 raphi llimp'isqa
- 照片 lanti
- 台灯 k'anchana
- 搁架 p'anqa jallch'ana
- 橱柜 churakuna
- 壁炉 wasi p'aku
- 电视机 tele
- 花 t'ika
- 垫子 sawna
- 花瓶 p'uñu
- 沙发 sufa
- 遥控器 kuntrul remoto

地毯
pampa mast'ana

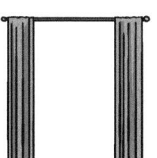

窗帘
arapa

餐桌
jamp'ara

椅子
tiyana

摇椅
chhuku tiyana

扶手椅
kirana

客厅 - k'illi wanlla

书
p'anqa

毯子
mast'a

装饰品
t'ikanchay

木柴
llamt'a

电影
pelikula

高保真音响
takina ekipu

钥匙
ch'atana

报纸
mit'awa

油画
llimp'i

海报
poster

收音机
wayra simi

笔记本
qillqana p'anqa

吸尘器
aspiradora

仙人掌
pukru

蜡烛
ispilma

客厅 - k'illi wanlla

厨房
wayk'una wasi

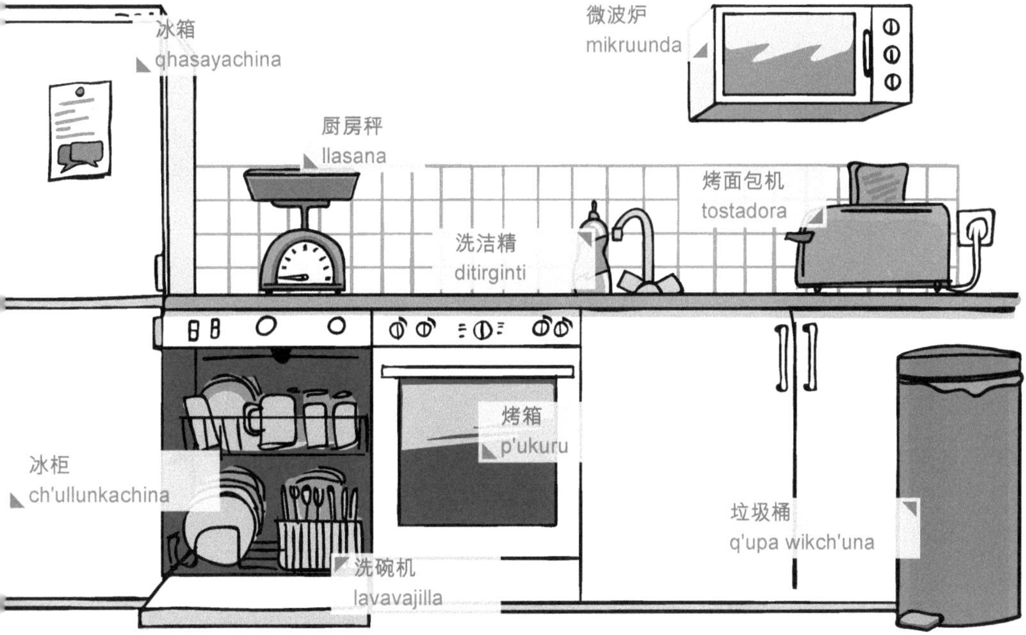

冰箱
qhasayachina

微波炉
mikruunda

厨房秤
llasana

烤面包机
tostadora

洗洁精
ditirginti

冰柜
ch'ullunkachina

烤箱
p'ukuru

垃圾桶
q'upa wikch'una

洗碗机
lavavajilla

炊具
presiun manka

锅
manka

铸铁锅
q'illa manka

炒锅
wok

平底锅
payla

水壶
thimpuchina

蒸锅
wapsina

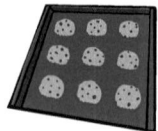
烤盘
p'ukuru punku

陶瓷锅
vajilla

马克杯
tasa

碗
tason

筷子
palillo

长柄勺
wislla

铲子
phusuqa urquna

搅拌器
qaywina

滤网
isanka

筛子
suysuna

磨碎机
thupana

研钵
kutana

烧烤
kawitu

明火
nina jap'ichina

厨房 - wayk'una wasi

菜板
k'ullu kuchunapaq

擀面杖
tuquru

开瓶器
sacacurchu

罐子
lata

开罐器
lata kichana

隔热手套
jap'ina

水槽
chuwa mayllana

刷子
sipillu

海绵
ispunja

搅拌机
watidora

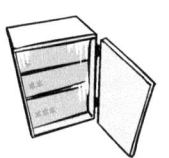

冷藏箱
ch'ullunkachina

奶瓶
biberon

水龙头
grifo

厨房 - wayk'una wasi

浴室
akana wasi

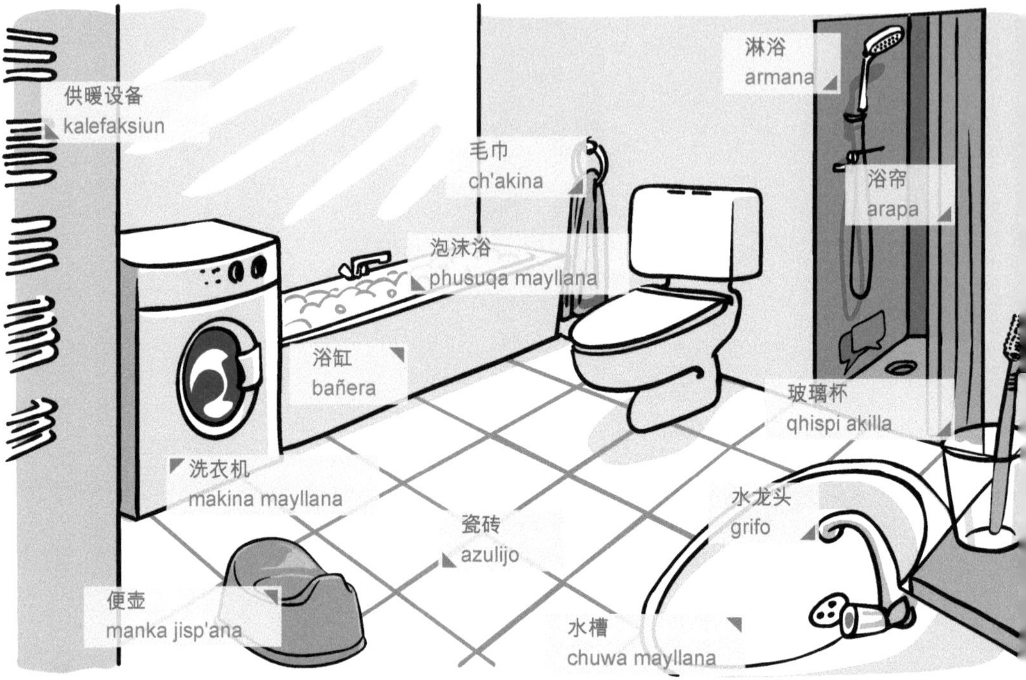

- 供暖设备 — kalefaksiun
- 毛巾 — ch'akina
- 泡沫浴 — phusuqa mayllana
- 淋浴 — armana
- 浴帘 — arapa
- 浴缸 — bañera
- 洗衣机 — makina mayllana
- 玻璃杯 — qhispi akilla
- 瓷砖 — azulijo
- 水龙头 — grifo
- 便壶 — manka jisp'ana
- 水槽 — chuwa mayllana

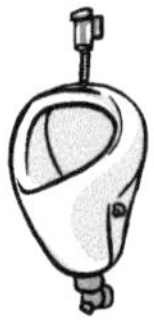

厕所	蹲便器	坐浴器
akana	yakupaka	bidet

小便池	厕纸	马桶刷
jisp'ana	papel higieniku	water pichana

牙刷
kiru khituna

牙膏
kiru pasta

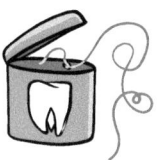
牙线
kiru q'aytu

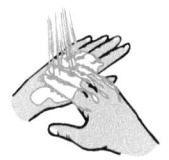
洗
mayllay

手持式喷淋头
armana makiwan

冲洗器
armana

洗脸盆
pila

擦背刷
wasa cepillo

肥皂
t'arta

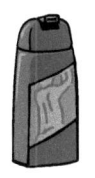
沐浴露
llukllu armanapaq

洗发水
champu

法兰绒
ch'akina

排水
ch'chi yaku wikch'una

乳霜
krima

除臭剂
kuntu wayllak'upaq

浴室 - akana wasi

镜子
qhispi

手镜
qhawakunaqhispi

剃须刀
mumikuna

剃须泡沫
phusuqu mumikunapaq

须后水
lusiun mumikunapaq

梳子
sikrana

刷子
kuiru khituna

吹风机
sekadora

喷发定型剂
ispray

化妆品
makillaji

唇膏
simi llimp'ina

指甲油
llimp'i sillu

化妆棉
ampi

指甲剪
sillu k'utuna

香水
untu

洗漱包
wayaqa ch'usanapaq

凳子
chukuna

计重秤
aysana

浴袍
bata

橡胶手套
maki wayaqa gumamanta

卫生棉条
tampon

卫生巾
raphi ch'akina

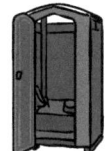
化学厕所
akanapaq tiyana kimiku

浴室 - akana wasi

儿童房

wawa k'uchu

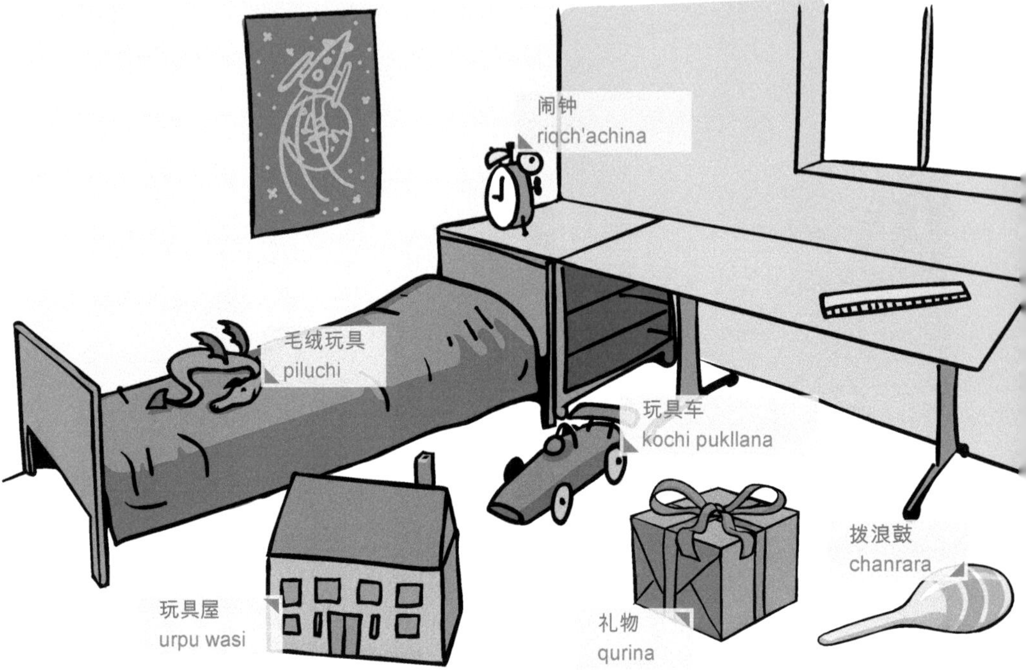

闹钟
riqch'achina
毛绒玩具
piluchi
玩具车
kochi pukllana
拨浪鼓
chanrara
玩具屋
urpu wasi
礼物
qurina

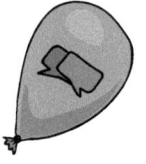

气球

phuyu phuku

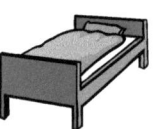

床

puñuna

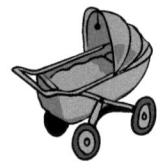

（洋娃娃用）婴儿车

wawa kochi

扑克牌

naypi

拼图

pusli

SUPER
MEGA

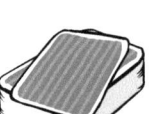

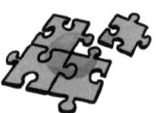

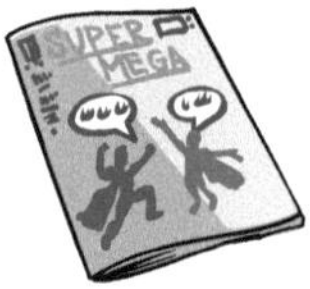

漫画

riwista

乐高积木
legukuna

积木玩具
wluki pukllana

玩具人
figura aksionmanta

婴儿服
wuri wawapaq

飞盘
friswi

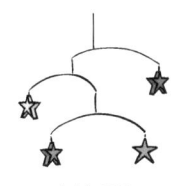
床铃玩具
wawa marq'a

棋盘游戏
jamp'ara pukllana

骰子
dado

火车模型
trin iliktriko purina

安抚奶嘴
maniki

聚会
raymi

绘本
futu p'anqa

球
p'ulu

洋娃娃
urpu

玩
pukllay

沙坑
t'iyu p'utaki

秋千
wallunk'a

玩具
pukllana

游戏机
wiriukunsula

三轮车
trisiklu

泰迪熊
jukumari pukllana

衣柜
p'acha jallch'ana

衣服
p'acha

袜子
chakiwayaqa

长袜
chakiwayaqa qharipaq

紧身裤
chakiwayaqa

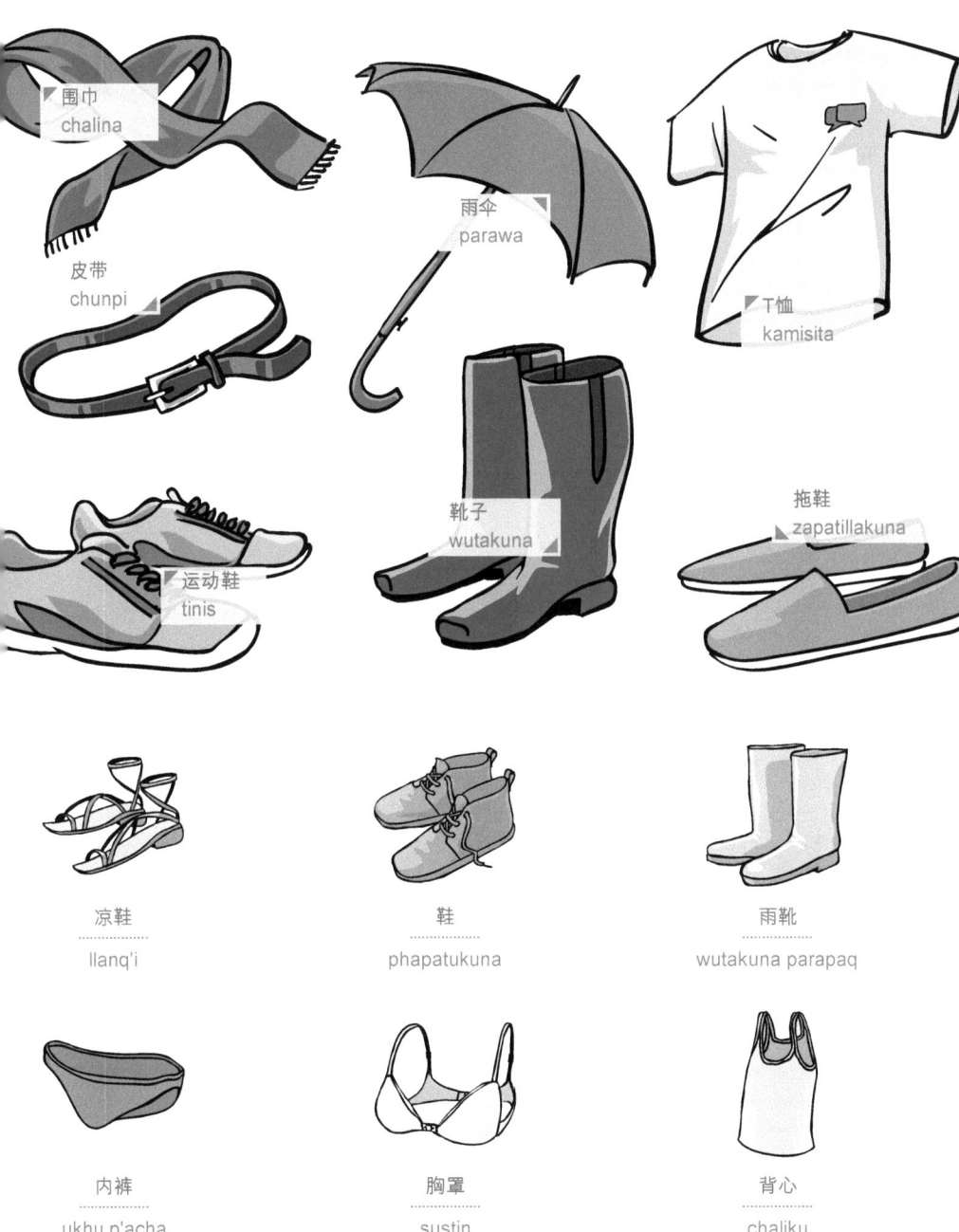

身体 wuri	裤子 pantalu kurtu	牛仔裤 wakiru

短裙 arphi	女式衬衫 wulusa	衬衫 kamisa

套头衫 chumpa	卫衣 chumpa	西装夹克 blazer

夹克 chakita	外套 qhata	雨衣 yawardina

套装 traji	连衣裙 wistiru	婚纱 wistiru nowiamanta

衣服 - p'acha

西装
traji

睡袍
kamisun

睡衣
piyama

莎丽
sari

头巾
wandana

包头巾
turbante

波卡
burka

卡夫坦
kaftan

(阿拉伯式)长袍
abaya

泳衣
traje mayllakunapaq

男式泳裤
p'acha mayllakunpaq

短裤
kurtu

运动服
p'acha tukuy p'unchawpaq

围裙
dilantal

手套
makiwayaqa

 纽扣 ch'itana	 眼镜 gafakuna	 手链 maki watana
 项链 wallqa	 戒指 siwi	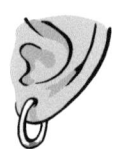 耳环 linri quri
 便帽 q'aspa	 衣架 p'acha warkhuna	 帽子 chharara
 领带 kurbata	 拉链 pantalu wisk'ana	 头盔 kasku
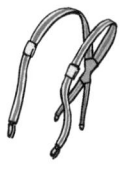 背带 tirantikuna	 校服 uniforme	 制服 uniformi

围兜
llawsanapaq

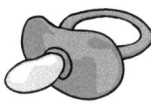

安抚奶嘴
maniki

尿不湿
jananta

办公室
ujisina

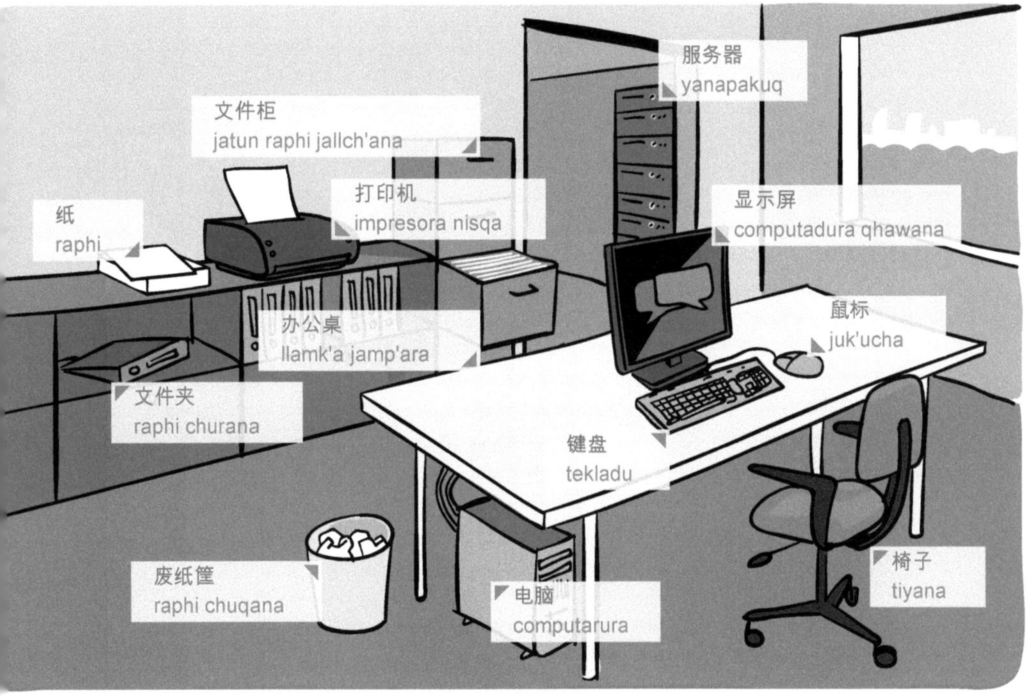

文件柜 — jatun raphi jallch'ana
打印机 — impresora nisqa
服务器 — yanapakuq
显示屏 — computadura qhawana
纸 — raphi
办公桌 — llamk'a jamp'ara
鼠标 — juk'ucha
文件夹 — raphi churana
键盘 — tekladu
废纸筐 — raphi chuqana
电脑 — computarura
椅子 — tiyana

咖啡杯
tasa cajimanta

计算器
calcularura

因特网
intirnit

笔记本电脑
laptop

信件
chaki qillqa

消息
willachiy

手机
silular

网络
red

复印机
futukopia

软件
software

电话
tilijunu

插座
toma corriente

传真机
faks

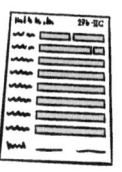

表格
jurmulario

文件
asuy qillqa

经济
qullqikamay

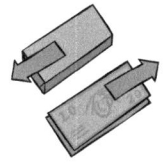
买
ranqhay

付钱
qupuy

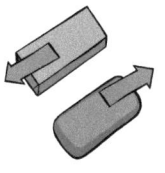
交易
ranqhay

现金
qullqi

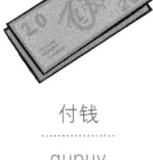
美元
dólar qullqi

欧元
iwro qullqi

日元
yen qullqi

卢布
ruwlu qullqi

瑞士法郎
juranku swisu qullqi

人民币
rinminwi qullqi

卢比
rupia qullqi

提款处
kajiru awtumatiku

外币兑换处
qullqi rantina wasi

金
quri

银
qullqi

石油
pitruliu

能源
kallpa

价格
yupa

合同
mink'ay

税金
impuistu

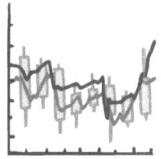
股票
aksiun

工作
llamk'ay

职员
llamk'achiq

老板
llamk'achiq

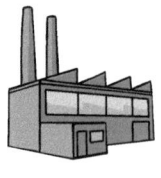
工厂
puquchiy kiti

商店
tienda

职业
llamk'aykuna

警官
ajinti policiamanta

消防员
wumwiru

厨师
wayk'uq

医生
jampi kamayuq

飞行员
pilutu

园丁
inkill kamayuq

木匠
llaqllaykamayuq

裁缝
siraykamayuq

法官
khuskachaq

化学家
jampi ranqhaq

演员
aranwaq

公交车司机
awtuwus q'iwiq

出租车司机
taksi q'iwiq

渔夫
challwakamayuq

清洁女工
pichaq

屋顶工
wasip qhatan

服务员
wayna yanapaq

猎人
chakuykamayuq

画家
llimp'iq

面包师
t'antiri

电工
iliktrisista

建筑工人
llam'kaq

工程师
k'llikacha

屠夫
ñak'aq

水管工
yaku kamayuq

邮递员
qillqa apaq

职业 - llamk'aykuna

士兵
awqakuq

建筑师
wasikamayuq

收银员
kajiru

花农
t'ikachaq

理发师
chukcharutuq

售票员
q'iwichiq

机械师
mikaniku

船长
wamink'a

牙医
kirukamayuq

科学家
jamawt'a

拉比
rawinu

伊玛目
k'askachimuq

和尚
munji

牧师
tata kura

职业 - llamk'aykuna

工具
ruk'awi

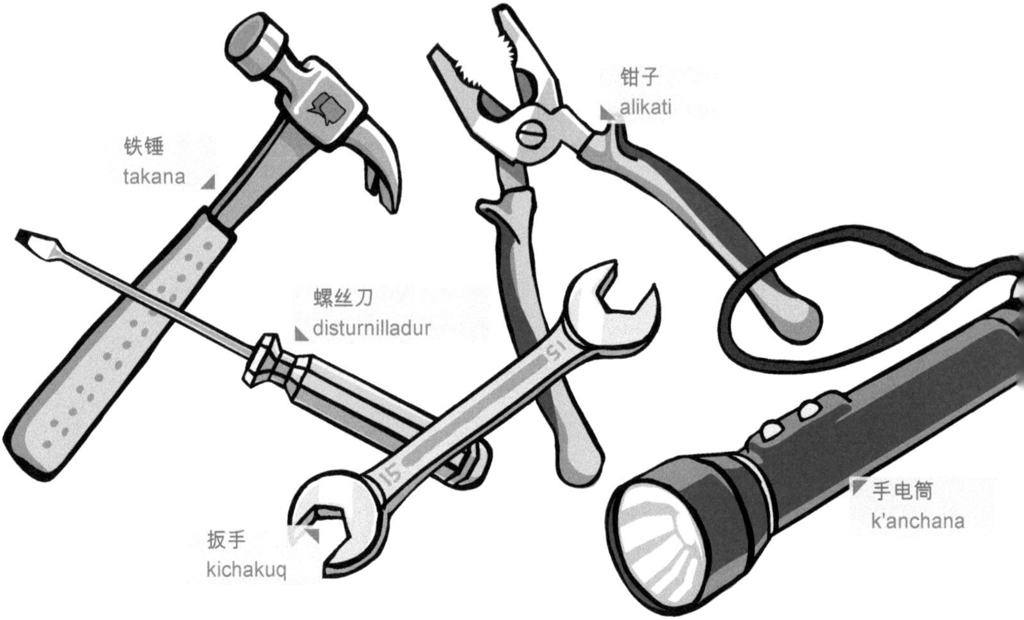

铁锤
takana

钳子
alikati

螺丝刀
disturnilladur

扳手
kichakuq

手电筒
k'anchana

挖掘机
ikskawadura

工具箱
ruk'awi p'uktaki

梯子
wichana makiyuq

锯子
sierra

钉子
takarpu

钻机
talaru

修
allinchay

铲子
lampa

靠!
¡Supay apachun!

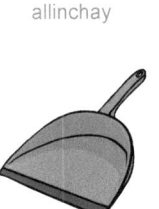
簸箕
q'upa tantana

油漆桶
llimp'i churana

螺丝
turnillukuna

乐器
takichiy nakuna

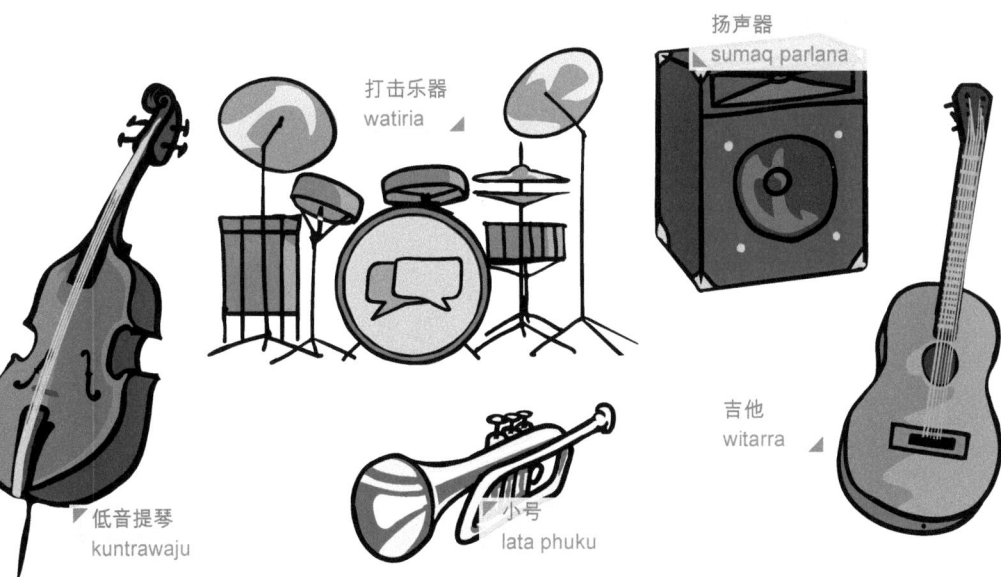

打击乐器 watiria

扬声器 sumaq parlana

低音提琴 kuntrawaju

小号 lata phuku

吉他 witarra

乐器 - takichiy nakuna

钢琴
pianu

小提琴
wiulin

贝斯
waju

定音鼓
tinwalis

鼓
wankar

电子琴
tikladu

萨克斯管
saksu

长笛
phukuna

麦克风
mikrufunu

乐器 - takichiy nakuna

动物园
jatun uywa kancha

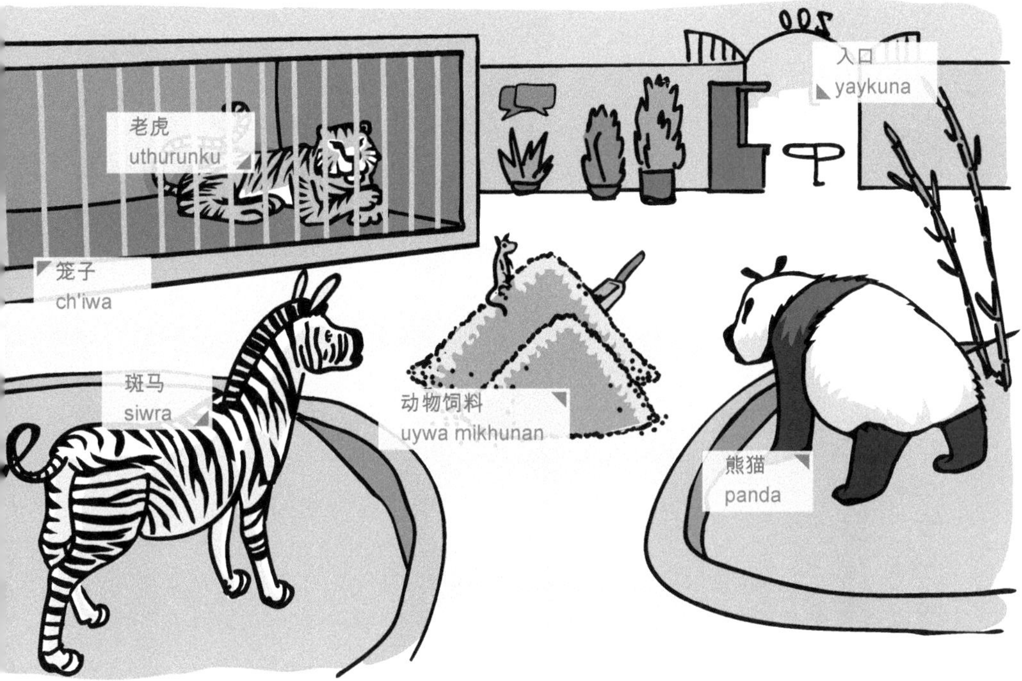

老虎 / uthurunku
入口 / yaykuna
笼子 / ch'iwa
斑马 / siwra
动物饲料 / uywa mikhunan
熊猫 / panda

动物
uywa

大象
ilijanti

袋鼠
kanguru

犀牛
rinusirunti

大猩猩
gurila

熊
jukumari

骆驼
kamillu

鸵鸟
suri

狮子
puma

猴子
k'usillu

火烈鸟
pariwana

鹦鹉
q'ichichi

北极熊
pular jukumari

企鹅
pinwinu

鲨鱼
tiwurun

孔雀
pawu

蛇
katari

鳄鱼
kukuwurilu

动物园管理员
jatun uywa kancha arariwa

海豹
fuka

美洲豹
uthurunku

动物园 - jatun uywa kancha

矮种马
puni

豹
lliwpardu

河马
hipuputamu

长颈鹿
jirafa

老鹰
anka

野猪
sintiru

鱼
challwa

龟
turtuga

海象
mursa

狐狸
atuq

羚羊
gacila

动物园 - jatun uywa kancha

体育
atipanaku pukllay

体育 - atipanaku pukllay

活动
ruwakuna

63

有
yuq

做
ruway

当
kay

站
sayay

跑
t'ijuy

拉
chuqay

扔
chuqay

摔倒
urmay

躺
siriy

等待
suyay

携带
apay

坐
chukuchiy

穿衣
p'achachakuy

睡觉
puñuy

醒来
rikch'ay

活动 - ruwakuna

 看 qhaway	 哭 waqay	 抚摸 waylluy
 梳头 sikray	 交谈 rimay	 明白 unanchay
 问 tapuy	 听 uyariy	 喝 upyay
 吃 mikhuy	 清理 kamachiy	 爱 khuyay
 做饭 wayk'uy	 开车 q'iwiy	 飞 phaway

活动 - ruwakuna

航行
wamp'uy

计算
yupanchay

读
ñawiriy

学习
yachay

工作
llamk'ay

结婚
sawaray

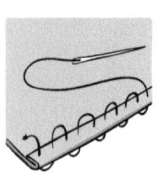
缝
siray

刷牙
kiru khitukuy

杀
wanchiy

抽烟
pitay

寄
kachay

活动 - ruwakuna

家
yawar masikuna

祖母 — jatun mama
祖父 — jatun tata
父亲 — tata
母亲 — mama
婴童 — wawa
女儿 — warmi wawa/ ususi
儿子 — qhari wawa/ churin

客人
jamuynisqa

阿姨
ipa

叔叔
kaki

兄弟
tura/wawqi

姐妹
ñaña/pana

身体
uqhu

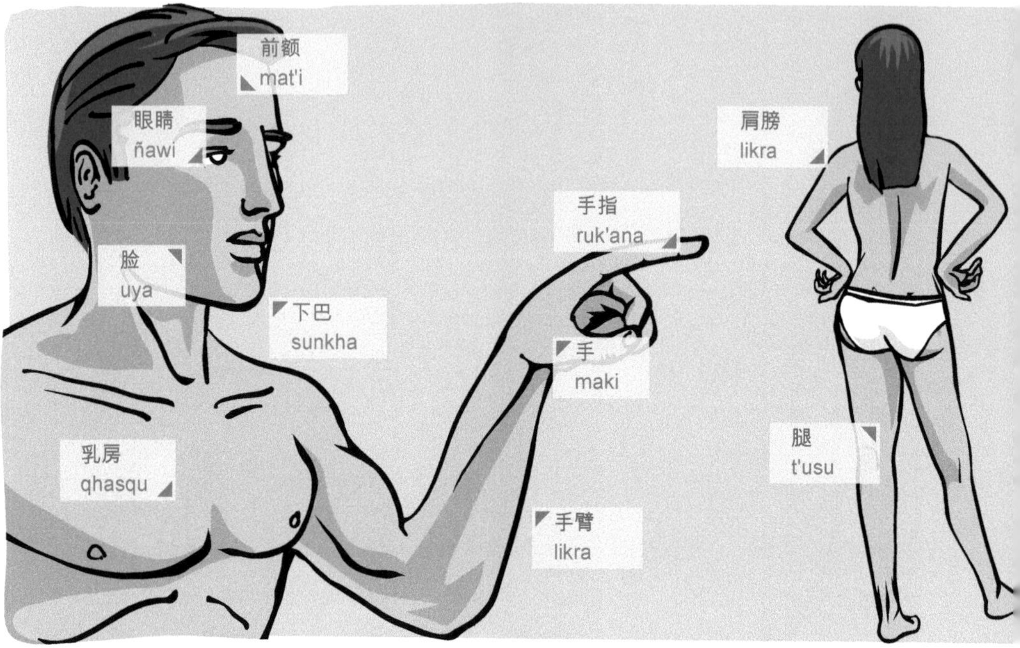

- 前额 mat'i
- 眼睛 ñawi
- 脸 uya
- 下巴 sunkha
- 乳房 qhasqu
- 肩膀 likra
- 手指 ruk'ana
- 手 maki
- 腿 t'usu
- 手臂 likra

婴童
wawa

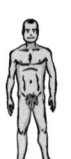

男人
qhari

女人
warmi

女孩
sipas

男孩
yuqalla

头
uma

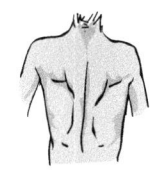
背部
wasa

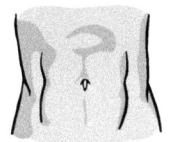
肚子
wisa ukhu

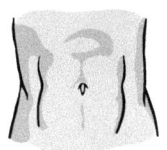
肚脐
pupu

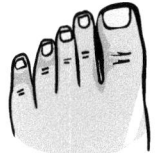
脚趾
ruk'ana

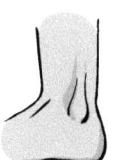
脚后跟
takillpa

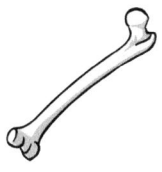
骨头
tullu

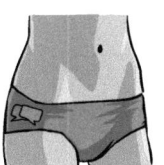
臀部
chaka

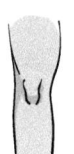
膝盖
muqu

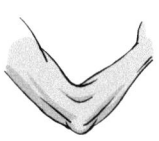
手肘
maki muqu

鼻子
sinqa

屁股
siki

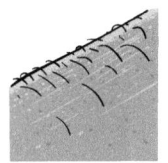
皮肤
qara

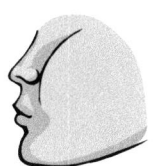
脸颊
k'aqlla

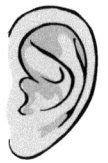
耳朵
linri

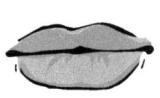
嘴唇
sipri

身体 - uqhu

嘴
simi

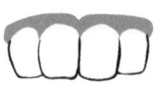
牙齿
kiru

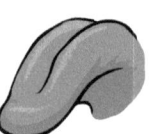
舌头
qallu

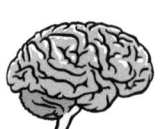
脑
ñuqtu

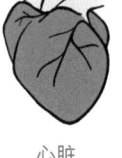
心脏
sunqu

肌肉
mach'i

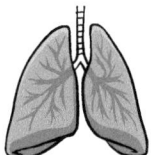
肺
surq'an

肝脏
k'iwicha

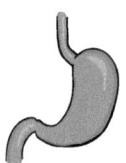
胃
wisa

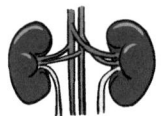
肾脏
wasa ruru

性交
lluq'anaku

避孕套
condon

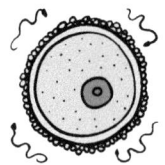
卵子
ch'uytu

精子
yuma

怀孕
wiksayuq kay

身体 - uqhu

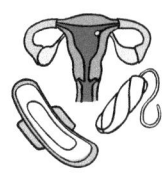
月经
k'ikuy

阴道
rakha

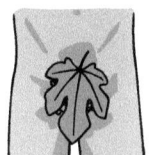
阴茎
ullu

眉毛
qhichira

头发
chukcha

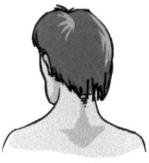
脖子
kunka

身体 - uqhu

医院
Jampina wasi

医院 / Jampina wasi

救护车 / ambulancia

轮椅 / muyuq tiyana

骨折 / tullu p'akisqa

医生
jampi kamayuq

急诊室
urgencia wasi

护士
jampi yanapaq

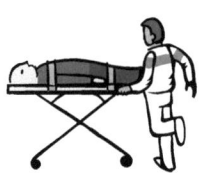

紧急情况
urjinsia

昏迷
mana yuyayniyuqchu

痛
nanay

 受伤 ñuti	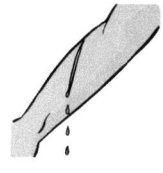 出血 sirk'ay	 心脏病发作 infarto
 中风 wayra	 过敏 millachikuq	 咳嗽 ch'uju
 发烧 k'aja unquy	 流感 p'urqi	 腹泻 q'icha
 头痛 uma nanay	 癌症 isqu unquy	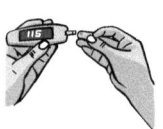 糖尿病 diyawitis
 外科医生 jampi kamayuq	 手术刀 bisturi	 手术 upirasiun

医院 - Jampina wasi

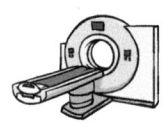
CT
TAC

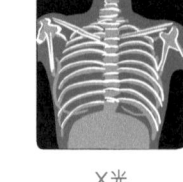
X光
tullurikuchi

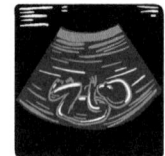
超声波
ultrasunidu

口罩
jark'ana

疾病
unquy

候诊室
suyanapaq k'illi wanlla

拐杖
tawna

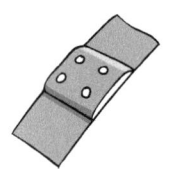
石膏
tinta

绷带
manku

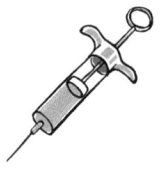
注射
inyiksiun

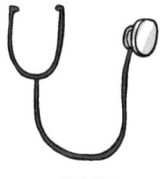
听诊器
istituskupiu

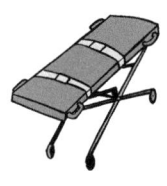
担架
kallapu

体温计
llaphi tupuna tupu

出生
paqarisqa

超重
wirachasqa

医院 - Jampina wasi

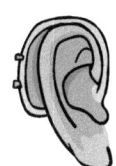 助听器 audifono	 消毒液 disinjiktanti	 感染 q'iyacha
 病毒 miyu	 艾滋病 VIH / SIDA	 药物 jampi
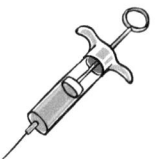 接种疫苗 wakuna	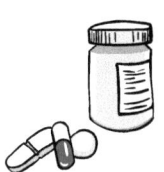 药片 tawlitakuna	 药丸 pastilla
 急救电话 usqay waqyana	 血压计 tinsiumitru	 生病/健康 unqusqa / qhali

医院 - Jampina wasi

紧急情况
urjinsia

救命！	警报	突击
¡Yaw!	alarma	manchay

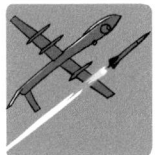

攻击	危险	紧急出口
waykha	chhiki	punku utqay lluqsinapaq

着火啦！	灭火器	意外
¡Nina!	nina wañichiq	ñak'ariy

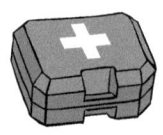

急救箱	呼救信号	警察
botiquin de primeros auxilios	SOS	pulisiya

地球
Pacha

欧洲
Iwrupa

北美洲
Chincha Amerika

南美洲
Qulla Amerika

非洲
Ajurika

亚洲
Asia

澳洲
Awstralia

大西洋
Atlantiku

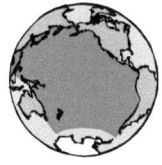
太平洋
Pasijiku

印度洋
Indiku mama qucha pacha

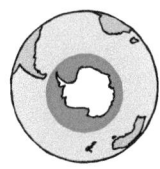
南冰洋
Antartiku mama qucha pacha

北冰洋
Artiku mama qucha pacha

北极
chincha pulu

南极
qulla pulu

南极洲
Antartida

地球
Pacha

陆地
jallp'a

海
mama qucha

岛
tara

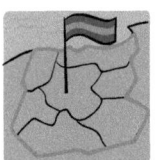
国家
llaqta

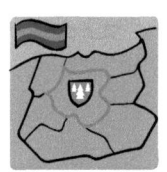
国家
Suyu

钟表
phani (kuna)

钟面
muruq'u

时针
phani tuqsiq

分针
chininiq

秒针
ch'ipu yupaq

现在几点？
¿Ima phanitaq?

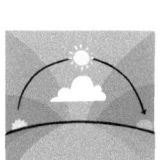
天
p'unchaw

时间
pacha

现在
kunan

电子表
dijital inti watana

分
chinini

时
phani

周
qanchischaw

周一 killachaw
周二 atichaw
周三 quyllurchaw
周四 illpachaw
周五 ch'askachaw
周六 k'uychichaw
周日 intichaw

昨天 qayna
今天 kunan
明天 p'unchaw

早晨 p'unchaw
中午 chawpi p'unchaw
晚上 sukha

工作日 llamk'ana p'unchawkuna
周末 tukuq qanchischawnin

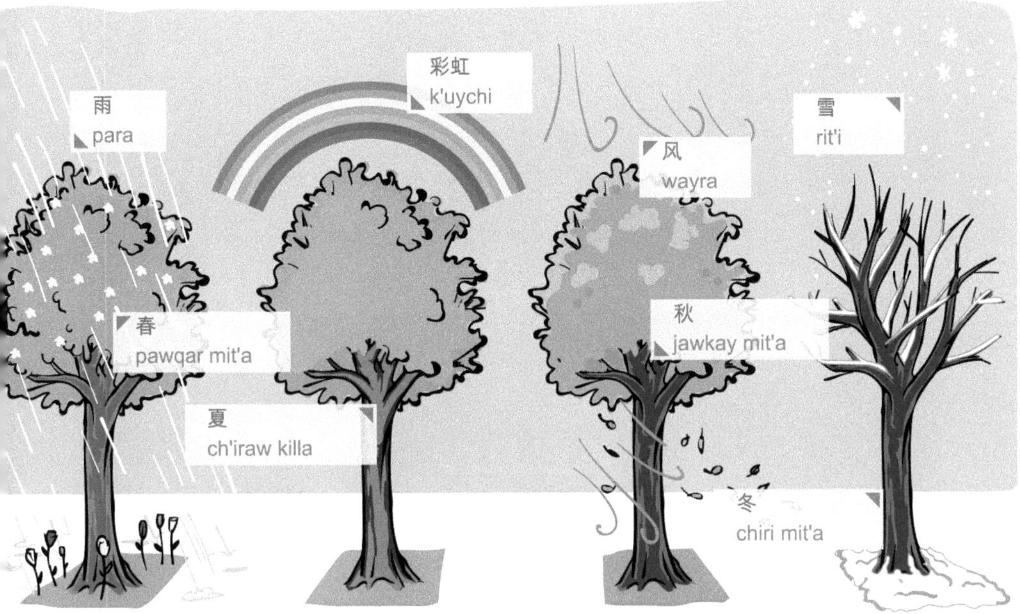

年
wata

雨 para
彩虹 k'uychi
雪 rit'i
风 wayra
春 pawqar mit'a
夏 ch'iraw killa
秋 jawkay mit'a
冬 chiri mit'a

天气预报
inti raki

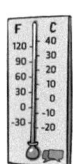

温度计
tirmumitru

阳光
inti

云
phuyu

雾
phuyu

潮湿
juq'u

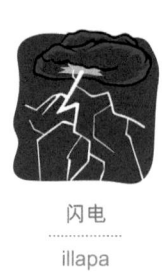
闪电
illapa

打雷
illapa

风暴
tamya

冰雹
chikchi

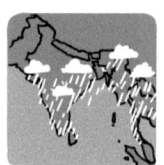
季风
muyuq wayra

洪水
lluqlla

冰
chullunka

一月
qhaqmiy killa

二月
jatunpuquy killa

三月
pachapuquy killa

四月
ariwaki killa

五月
aymuray killa

六月
jawkaykuskuy killa

七月
chakrakunakuy killa

八月
chakraypuy killa

九月
tarpuy killa

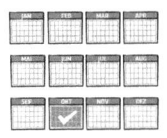
十月
pawqarwara killa

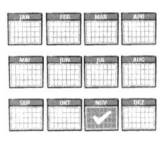
十一月
ayamarq'ay killa

十二月
qhapaq inti raymi killa

形状
pacha tupusqa rikch'ay

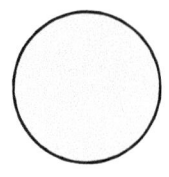
圆形
muyu yupa

正方形
tawak'uchu yupa

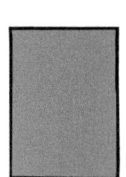
长方形
sayt'u yupa

三角形
kimsa k'uchu yupa

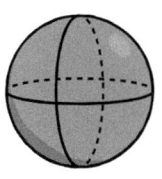
球体
muruq'u

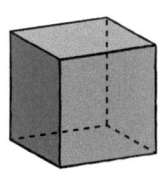
立方体
yupa wayru

颜色
llimp'ikuna

白
yurak

黄
q'illu

橙
willapi

粉
panti

红
puka

紫
kulli

蓝
anqas

绿
q'umir

棕
ch'umpi

灰
uqi

黑
yana

反义词
wakjinakuna

很多/少许

achkha / pisi

生气/平静

phiña / qhasi

美/丑

k'acha / millay

首/尾

qallariy / tukuy

大/小

jatun / juch'uy

明/暗

sut'i / tuta

兄弟/姐妹

wawqi / pana

干净/肮脏

llimphu / ch'ichi

完整/缺失

junt'asqa / mana junt'asqa

白天/晚上

p'unchaw / tuta

死/生

wañusqa / kawsaq

宽/窄

chhuqu / k'ichki

可食用/非食用

mikhunapaq / mana mikhunapaqchu

邪恶/善良

sakra / k'acha

兴奋/无聊

kusisqa / majisqa

胖/瘦

rakhu / tullu

第一/最后

ñawpaq / qhipa

朋友/敌人

masi / awqa

满/空

junt'a / ch'in

硬/软

k'urki / llamp'u

重/轻

llasa / chhalla

饿/渴

yarqhay / ch'akiy

生病/健康

unqusqa / qhali

非法/合法

chanin / mana chanin

聪明/愚笨

yuyaysapa / upa

左/右

lluq'i / paña

近/远

qaylla / karu

反义词 - wakjinakuna

新/旧
musuq / mawk'a

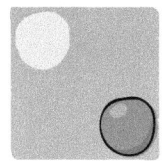
没有/有些
ch'usaq / imapis

老/幼
machu / wayna

开/关
jap'isqa / wanchisqa

打开/合上
kichasqa / wisq'asqa

安静/吵闹
ch'in / ch'aqwa

富/穷
qhapaq / wakcha

对/错
chiqan / mana chiqan

粗糙/光滑
qhachqa / llamp'u

伤心/高兴
llakisqa / kusi

短/长
k'aka / karu

慢/快
jayra / utqay

湿/干
juq'u / ch'aki

温暖/凉爽
rupha / chiri

战争/和平
awqay / sunqu tiyakuy

反义词 - wakjinakuna

数字
yupaykuna

0 零 ch'usak

1 一 uk

2 二 iskay

3 三 kimsa

4 四 tawa

5 五 phichqa

6 六 suqta

7 七 qanchis

8 八 pusaq

9 九 jisq'un

10 十 chunka

11 十一 chunka ukniyuq

12
十二
chunka iskayniyuq

13
十三
chunka kimsayuq

14
十四
chunka tawayuq

15
十五
chunka phichkayuq

16
十六
chunka suqtayuq

17
十七
chunka qanchisniyuq

18
十八
chunka pusaqniyuq

19
十九
chunka jsq'unniyuq

20
二十
iskay chunka

100
百
pacha

1.000
千
waranqa

1.000.000
百万
junu

语言
simikuna

英语

inklis simi

美式英语

amerikanu inklis simi

普通话

mandarin chinu simi

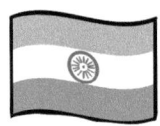

印地语

jindi simi

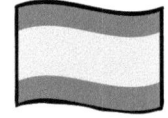

西班牙语

castilla simi

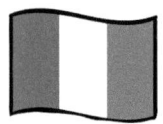

法语

fransis simi

阿拉伯语

arabia simi

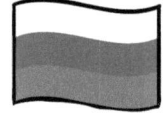

俄语

rusia simi

葡萄牙语

purtugal simi

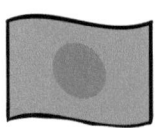

孟加拉语

bingali simi

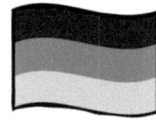

德语

alimania simi

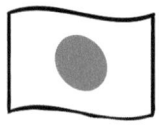

日语

japun simi

谁/什么/怎样
pi / ima / imayna

我
ñuqa

你
qam

他/她/它
pay / pay / chay

我们
ñuqanchik

你们
qamkuna

他们
paykuna

谁？
¿pitaq?

什么？
¿imataq?

怎样？
¿imaynataq?

哪里？
¿maypitaq?

什么时候？
¿mayk'aq?

名字
suti

方位
maypi

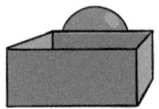

后面
qhipa

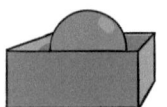

里面
pi

前面
ñawpaq

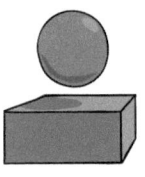

上方
pantanpi

上面
pata

下面
uranpi

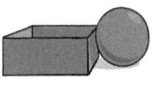

旁边
kuska

中间
chawpi

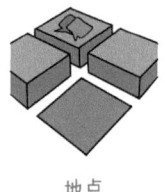

地点
chiqan